BUGS for LUNCH

INSECTOS para el ALMUERZO

Para mi aventurera amiga, Barbara Lucas,
quien no dudaría en comerse un insecto bien cocido
For my adventurous friend Barbara Lucas, who would not hesitate to eat a well-cooked bug
—M.F.

Para mi hijo Matthew, a quien siempre le han fascinado los insectos
To my son Matthew, who has always been fascinated by bugs
—S.L.

Published by Charlesbridge Publishing
85 Main Street, Watertown, MA 02472
(617) 926-0329 • www.charlesbridge.com

Library of Congress Cataloging-in-Publication Data
Facklam, Margery.
[Bugs for Lunch. English]
Insectos para el almuerzo/Margery Facklam, illustrated by
Sylvia Long; [translation by Liliana Valenzuela].
p.   cm.
Summary: Rhyming text introduces bug-eating animals
such as geckos, trout, or even people. Includes additional
facts about each creature.
ISBN 1-57091-506-7 (softcover)
1. Animals—Food—Juvenile literature. 2. Edible insects—
Juvenile literature. [1. Animals—Food habits. 2. Edible
insects. 3. Spanish language materials—Bilingual.]
I. Long, Sylvia, ill. II. Title.
QL756.5.F3318   2002
591.5'3—dc21   2001004363

Printed in the United States of America

(sc) 10 9 8 7 6 5 4 3 2 1

The illustrations in this book were done in pen and ink and
    Winsor and Newton watercolors on Winsor and Newton
    artist's watercolor paper, 140-pound hot-pressed.
The display type and text type were set in Giovanni.
Color separations were made by Pre-Press Company, Inc.,
    East Bridgewater, Massachusetts
Printed and bound by Worzalla Publishing Company,
    Stevens Point, Wisconsin
Production supervision by Brian G. Walker
Designed by Diane M. Earley
This book was printed on recycled paper.

In English people use the nickname "bugs" for all kinds of insects, spiders, and other crawly things. There is only one group of insects that scientists consider "true bugs," such as mealy bugs, squash bugs, and others.

With thanks for generous assistance with
illustration references to Peter Menzel and
MAN EATING BUGS: The Art & Science of Eating Insects
by Peter Menzel and Faith D'Aluisio
A Material World Book
Distributed by Ten Speed Press, Berkeley, CA
1998

BUGS for LUNCH

INSECTOS para el ALMUERZO

Margery Facklam
Ilustrado por Sylvia Long

iii Charlesbridge

Si tu almuerzo fuera un insecto,
¿Quién podrías ser?
Tal vez un trepatroncos
Que insectos quiere comer,

If your lunch was a bug,
Who could you be?
Maybe a nuthatch
At work in a tree,

O quizás una araña
Atrapando una mosca,

Or maybe a spider
Trapping a fly,

O un murciélago en pos de insectos
Que por el cielo embosca.

Or a bat catching bugs
As it cruises the sky.

Podrías ser un geco

You might be a gecko

O tal vez un ratoncillo,
Comiendo muchos insectos
Como el mejor platillo.

Or maybe a mouse,
Eating the insects
In somebody's house.

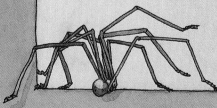

Podrías ser una musaraña,
No satisfecha con el almuerzo,
Masticando todo el día
Tantos insectos con esfuerzo.

You might be a shrew,
Not just eating lunch,
But snacking all day
On bugs by the bunch.

Quizás seas un sapo
quien con una lengüetada
atrapa una mosca
así como nada

You could be a toad,
Zapping a fly
With a flip of the tongue
In the blink of an eye;

O tal vez una mantis
lista para comer
a cualquier insecto incauto
que se deje aprehender.

Or maybe a mantis
Ready to prey
On any size insect
That happens its way.

Podrías ser una trucha,
En un riachuelo,
Buscando insectos voladores
Y que no tengan anzuelo.

You might be a trout,
At home in a brook,
Looking for insects
That aren't on a hook.

Podrías ser un oso goloso
En busca de miel,
Sorprendido que las abejas
Saben ricas también.

You could be a bear
Searching for honey,
But finding that bees
Taste just as yummy.

O quizás un oso hormiguero,
De lengua larga y pegajosa,
Sorbiendo hormigas y termitas
De manera asombrosa.

Or maybe an aardvark,
Whose tongue, long and sticky,
Slurps termites and ants
That others think icky.

Podrías ser una planta
Incapaz de perseguir
   una alimaña,
Sino que paciente aguarda
A que la comida le caiga
   con maña.

You could be a plant
That can't chase a fly,
But just sits and waits
For its food to drop by.

Si tu almuerzo fuera un insecto,
Se podría tratar de ti,

If your lunch was a bug,
You might be just you,

Saboreando insectos
Asados así.

Munching on insects
As some people do.

Más acerca de Insectos para el almuerzo

Existen más insectos en el mundo que cualquier otro tipo de animal. Hasta el momento se han estudiado y catalogado más de 800,000 insectos, pero los científicos creen que probablemente hay millones que se desconocen todavía. Tiene su lado positivo que muchas criaturas se alimenten de insectos, pues de otra manera, el mundo estaría plagado de estos.

More About Bugs for Lunch

There are more insects in the world than any other kind of animal. More than 800,000 insects have been studied and named, but scientists believe that there are probably millions that nobody knows about yet. It's a good thing that insects are food for so many creatures, or the world might be overrun with them.

Al *TREPADOR* se le llama el pájaro al revés porque camina hacia abajo por los troncos de los árboles, cabeza primero, mientras busca su alimento. Con su pico resistente hurga insectos, orugas y huevos de insectos escondidos en las hendiduras de la corteza.

The *NUTHATCH* is called the upside-down bird because it walks headfirst down tree trunks as it searches for food. With its strong beak, it pries out insects, caterpillars, and insect eggs that are hidden in cracks in the bark.

Las *ARAÑAS* atrapan insectos en sus telarañas o trampas hechas de seda. Cada especie de araña se caracteriza por tener un diseño distintivo, ya sea de tela o trampa. Cuando las arañas atrapan más de lo que pueden comer, la mayoría de estas envuelve lo que les sobra entre la seda y lo guarda para comerlo más tarde.

SPIDERS catch insects in webs and traps made of silk. Each species of spider has a distinctive design for its web or trap. When they catch more than they can eat at one time, most spiders wrap the leftovers in silk to save for a later meal.

Los *MURCIÉLAGOS* vuelan desde sus perchas para buscar comida al anochecer. E incluso en la oscuridad total, pueden atrapar insectos. Los murciélagos emiten un continuo flujo de sonidos de tal agudeza que ni siquiera las personas pueden llegar a escucharlos. Cuando estos sonidos chocan con los objetos luego regresan como un eco hasta el murciélago. Cuando un insecto vuela a través de este haz de sonido, el murciélago sabe exactamente donde está el insecto y puede lanzarse en picada para atraparlo al vuelo.

BATS fly from their roosts to look for food as the sun goes down. But even in total darkness, they can catch insects. Bats send out a constant stream of sounds that are pitched so high that people cannot hear them. As these sounds hit objects, they echo back to the bat. When an insect flies across this beam of sound, the bat can tell exactly where the bug is and can swoop down to catch it in flight.

Un *GECO* es una lagartija pequeña que vive en climas cálidos. A muchas personas les gusta tener gecos en sus jardines y patios traseros porque saben que los gecos salen de su escondite en la noche para comer mariposas nocturnas y otros insectos que algunos consideran fastidiosos.

A *GECKO* is a small lizard that lives in warm climates. Many people like to have geckos in their gardens and backyards. They know that geckos will come out of hiding at night to eat moths and other insects that people find pesky.

No a todos les gusta tener un *RATÓN* en casa porque los ratones mordisquean casi todo lo que encuentran. Tal vez si más personas supieran que los ratones también comen sabrosas larvas de escarabajos, huevos de insectos y mariposas nocturnas, no les molestaria tener unos cuantos ratones cerca.

Not everyone likes to have a *MOUSE* in the house because mice nibble on almost anything they can find. Perhaps if more people knew that mice also eat juicy beetle grubs, insect eggs, and moths, they wouldn't mind having a few mice around.

La *MUSARAÑA* es uno de los mamíferos más pequeños del mundo y quizás uno de los más activos. Cuando no se encuentran tomando una corta siesta, las musarañas siempre andan de aquí para allá, buscando insectos. Usan tanta energía que no pueden pasar más de unas cuantas horas sin comer. Cada día comen el equivalente en insectos de dos a tres veces su propio peso.

A *SHREW* is one the smallest mammals in the world, and probably one of the busiest. Between short naps, shrews are always on the run, searching for insects. They use so much energy that they cannot go more than a few hours without eating. Every day they eat enough insects to equal two or three times their own weight.

Si encuentras un *SAPO* en tu jardín, no lo espantes: ¡es el campeón de los come insectos! La lengua larga y pegajosa de un sapo está adherida al extremo delantero de su mandíbula inferior. Cuando un sapo ve un insecto, dispara la lengua, liquida al insecto y se lo come antes de que tengas tiempo de pestañear.

If you find a *TOAD* in your garden, don't chase it away—it's a champion insect eater! A toad's long, sticky tongue is fastened to the front edge of its lower jaw. When a toad sees a bug, it shoots out its tongue, zaps the insect, and has eaten it before you can blink an eye.

Una *MANTIS RELIGIOSA* puede estar quieta durante horas como si fuera una ramita sobre un árbol. Cuando un insecto apetitoso aterriza cerca, la mantis ataca y agarra al insecto con sus espinosas patas delanteras. Las mantises son bienvenidas en los jardines porque comen muchos insectos destructores. La mantis religiosa recibe su nombre porque cuando junta las patas delanteras frente a la cara, parece que estuviera rezando.

A *PRAYING MANTIS* can sit as still as a twig on a tree for hours. When a juicy bug lands nearby, the mantis lashes out and grabs the insect with its spiny front legs. Mantises are welcome in gardens because they eat so many destructive insects. The praying mantis got its name because when it holds its front legs together in front of its face, it looks like it is praying.

Cuando una *TRUCHA* ve un insecto volando encima de un riachuelo, salta del agua fría y cristalina para atrapar al insecto al vuelo. Los pescadores a menudo ponen una carnada hecha de moscas artificiales en el anzuelo que se asemejan a las llamadas moscas de un día o a otros insectos favoritos de las truchas.

When a *TROUT* spots an insect cruising above a brook, it will leap from the cold, clear water and catch the insect in flight. Fishermen often bait their hooks with artificial flies they have made to look like the mayflies and other insects they know trout like to eat.

Los *OSOS* no son melindrosos. Les gusta comer de todo—pescado, moras, ratones, insectos y larvas de insectos—pero lo que más les encanta es la miel. Cuando un oso trepa un árbol y se lanza sobre la colmena con sus afiladas garras, el enjambre de abejas sale disparado. Pero esto lo tiene sin cuidado. Su pelaje grueso y abundante lo protege de las picaduras de abeja mientras se dedica a masticar las sabrosas abejas mezcladas con la deliciosa miel.

BEARS aren't fussy eaters. They like all kinds of food—fish, berries, mice, insects, and insect grubs—but they really love honey. When a bear climbs a tree and tears into a beehive with its long claws, bees swarm out. But the bear doesn't seem to mind. Its thick fur protects it from bee stings while it munches juicy bees mixed with the yummy honey.

Los *OSOS HORMIGUEROS* o "cerdos de la tierra", viven en madrigueras profundas en el África. Salen de sus túneles por la noche, cuando los jabalíes y otros de sus enemigos duermen. Después de que un oso hormiguero escarba un montículo enorme de termitas o un nido de hormigas, sorbe la nube de insectos con su lengua larga y pegajosa.

AARDVARKS, or "earth pigs," live in deep burrows in Africa. They come out of their tunnels at night, when warthogs and their other enemies are sleeping. After an aardvark digs open a huge termite hill or ant nest, it slurps up the swarming insects with its long, sticky tongue.

El ATRAPAMOSCAS es una planta carnívora o que come carne. Sus hojas unidas con bisagras tienen un borde de dientes espinosos. La presión leve de un insecto que aterriza en unos cuantos cabellos sensibles de la hoja, provoca que y ésta se cierre. Dentro de unos días, después de que el insecto atrapado ha sido digerido, la hoja se abre, lista para que aterrice otro alimento.

The *VENUS FLYTRAP* is a carnivorous, or meat-eating, plant. Its hinged leaves are edged with spiny teeth. The slight pressure of an insect landing on a few sensitive hairs on the leaf triggers the leaf to snap shut. In a few days, after the trapped insect has been digested, the leaf opens, ready for another meal to land.

Es posible que *TÚ* también comas insectos, especialmente si vives en un país donde escasea la carne. En Camboya, una tarántula gorda y asada se considera un deleite manjar. Las personas que viven en el centro de Australia recolectan orugas de mariposa nocturna llamadas witchetty grubs para asarlas sobre las cenizas y la arena caliente cerca de una fogata. Y en Indonesia, los niños usan unos carrizos flexibles cubiertos de savia pegajosa para atrapar libélulas y preparar un delicioso platillo de libélulas fritas con arroz.

YOU might eat insects, too, especially if you live in a country where meat is scarce. In Cambodia a fat, roasted tarantula is a treat. People who live in central Australia gather moth caterpillars called witchetty grubs to roast in the ashes and hot sand around a campfire. And in Indonesia children use flexible reeds covered with sticky sap to catch dragonflies for a delicious stir-fry served on rice.

K